이름 없는 여인 되어

한 국 대 표
명　시　선
1　0　0

노 천 명

이름 없는 여인 되어

시인생각

■ 권두시

우리들 살림살이 보람 있을
조국의 아름다운 내일을 위해
저마다 오늘의 짐을 즐겁게 지자

남빛 바다는 오늘도 푸른데
너 갈매기 모양 어디로 다 날리느냐
이 나라 튼튼한 살림의 고임돌 되고저

우리 다 같이
한여름 해바라기를 닮아 보자

■ **차례** ──────────── 이름 없는 여인 되어

권두시

1

이름 없는 여인 되어   13
사슴   14
가을날   15
남사당   16
고별   18
개 짖는 소리   20
고독   21
춘향   22
장날   24
가을의 구도構圖   25

한국대표명시선100 노 천 명

2

귀뚜라미　29

동경　30

출범　31

교정　32

소녀　33

캐피탈 웨이　34

아름다운 새벽을　36

자화상　38

이산離散　39

동기同氣　40

3

향수   43

망향   44

연자간   46

길   47

여인부 女人賦   48

희망   49

님은 가시밭길 헤치고   50

돌아오는 길   51

곡哭 촉석루   52

하일산중 夏日山中   54

4

봄의 서곡　59

오월의 노래　60

장미　61

유월의 언덕　62

작약　64

호외　65

오늘　66

꽃길을 걸어서 —사월의 기도　68

박쥐　70

포구의 밤　71

5
바다에의 향수　75

추풍에 부치는 노래　76

추성秋聲　78

만추　79

작별　80

검정나비　81

말 않고 그저 가려오　82

사슴의 노래　84

설중매　86

생가　87

애도시_애도 노천명·이희승　88
『사슴의 노래』서문_사슴의 노래를 모으며·모윤숙　90
노천명 연보　91

1

이름 없는 여인 되어

어느 조그만 산골로 들어가
나는 이름 없는 여인이 되고 싶소
초가지붕에 박넝쿨 올리고
삼밭엔 오이랑 호박을 놓고
들장미로 울타리를 엮어
마당엔 하늘을 욕심껏 들여놓고
밤이면 실컷 별을 안고

부엉이가 우는 밤도 내사 외롭지 않겠소
기차가 지나가 버리는 마을
놋양푼의 수수엿을 녹여 먹으며
내 좋은 사람과 밤이 늦도록
여우 나는 산골 얘기를 하면
삽살개는 달을 짖고
나는 여왕보다 더 행복하겠소

사슴

모가지가 길어서 슬픈 짐승이여
언제나 점잖은 편 말이 없구나
관이 향기로운 너는
무척 높은 족속이었나 보다

물속의 제 그림자를 들여다보고
잃었던 전설을 생각해 내고는
어찌할 수 없는 향수에
슬픈 모가지를 하고 먼 데 산을 쳐다본다

가을날

겹옷 사이로 스며드는 바람은
산산한 기운을 머금고……
드높아진 하늘은 비로 쓴 듯이 깨끗한
맑고도 고요한 아침……

예저기 흩어져 촉촉이 젖은
낙엽을 소리 없이 밟으며
허리띠 같은 길을 내놓고
풀밭에 들어 거닐어 보다

끊일락 다시 이어지는 벌레 소리
애연히 넘어가는 마디마디엔
제철의 아픔을 깃들였다

곱게 물든 단풍 한 잎 따 들고
이슬에 젖은 치맛자락 휩싸 쥐며 돌아서니
머언 데 기차 소리가 맑다

남사당

나는 얼굴에 분을 하고
삼단 같은 머리를 따 내리는 사나이

초립에 쾌자를 걸친 조라치들이
날라리를 부는 저녁이면
다홍치마를 두르고 나는 향단이가 된다

이리하여 장터 어느 넓은 마당을 빌어
램프불을 돋운 포장布帳 속에선
내 남성男聲이 십분 굴욕되다

산 너머 지나온 저 촌엔
은반지를 사주고 싶은
고운 처녀도 있었건만

다음날이면 떠남을 짖는
처녀야!
나는 집시의 피였다
내일은 또 어느 동리로 들어간다냐

우리들의 도구를 실은
노새의 뒤를 따라
산딸기와 이슬을 털며
길에 오르는 새벽은

구경꾼을 모으는 날라리 소리처럼
슬픔과 기쁨이 섞여 핀다

고별

어제 나에게 찬사와 꽃다발을 던지고
우레 같은 박수를 보내주던 인사들
오늘은 멸시의 눈초리로 혹은 무심히
내 앞을 지나쳐버린다

청춘을 바친 이 땅
오늘 내 머리에는 용수가 씌워졌다

고도孤島에라도 좋으니 차라리 머언 곳으로—
나를 보내다오
뱃사공은 나와 방언이 달라도 좋다

내가 떠나면
정든 책상은 고물상이 업어갈 것이고
애끼던 책들은 천덕구니가 되어 장터로 나갈 게다

나와 친하던 이들 또 나를 시기하던 이들
잔을 들어라 그대들과 나 사이에
마지막인 작별의 잔을 높이 들자

우정이라는 것 또 신의라는 것
이것은 다 어디 있는 것이냐
생쥐에게나 뜯어먹게 던져주어라

온갖 화근이었던 이름 석 자를
갈기갈기 찢어서 바다에 던져버리련다
나를 어느 떨어진 섬으로 멀리멀리 보내다오

눈물 어린 얼굴을 돌이키고
나는 이곳을 떠나련다
개 짖는 마을들아
닭이 새벽을 알리는 촌가村家들아
잘 있거라

별이 있고
하늘이 보이고
거기 자유가 닫혀지지 않는 곳이라면—

개 짖는 소리

개 짖는 소리가 들려온다
아는 이의 음성처럼 반갑구나
인가가 여기선 가까운가 보다

개 짖는 소리를 듣고 있으면
식구들 신발이 툇돌 위 나란히 놓인
어느 집 다행多幸한 정경이 떠오른다

날이 새면 부엌엔 밥김이 어리고
화롯가엔 찌개가 보글보글 끓고
할머니는 잔소리를 해도 좋을 게다

새벽녘 개 짖는 소리는
인가의 정경을 실어다 준다
감방 안에서 생각하는 바깥은
하나같이 행복스럽기만 하다

고독

변변치 못한 화를 받던 날
어린애처럼 울고 나서
고독을 사랑하는 버릇을 지었습니다.

번잡이 이처럼 싱그러울 때
고독은 단 하나의 친구라 할까요.

그는 고요한 사색의 호숫가로
나를 데리고 가
내 이지러진 얼굴을 비추어 줍니다.

고독은 오히려 사랑스러운 것
함부로 권할 수 없는 것
함부로 가까이하기 어려운 것인가 봐요.

춘향

검은 머리채에 동양여인의 '별'이 깃들이다

"도련님 인제 가면 언제나 오실라우 벽에 그린 황계 짧은 목
길게 늘여 두 날개 탁탁 치고 꼭교하면 오실라우

계집의 높은 절개 이 옥지환과 같을 것이오
천만 년이 지나간들
옥빛이야 변할납디어"
옥가락지 우에 아름다운 전설을 걸어놓고
춘향은
사랑을 위해 형틀을 졌다

옥 안에서 그는 춘椿꽃보다 더 짙었다

밤이면 삼경을 타 초롱불을 들고 향단이가 찾았다
춘향 "야 이 향단아 서울서 뭔 기별 업디야"
향단 "기별이라우? 동냥치 중에 상동냥치 돼 오셨어라우"
춘향 "야야 그것이 뭔 소리라냐—
　　　행여 나 없다 괄세 말고 도련님께 부디 잘해 드려라"

무릇 여인 중
너는
사랑할 줄 안
오직 하나의 여인이었다

눈 속의 매화 같은 계집이여
칼을 쓰고도 너는 붉은 사랑을 뱉어버리지 않았다
한양 낭군 이 도령은 쑥스럽게
'사또'가 되어 오지 않아도 좋았을 게다

장날

대추 밤을 돈사야 추석을 차렸다
이십 리를 걸어 열하룻 장을 보러 떠나는 새벽
막내딸 이쁜이는 대추를 안 준다고 울었다

송편 같은 반달이 싸리문 위에 돋고
건너편 성황당 사시나무 그림자가 무시무시한 저녁
나귀 방울에 지껄이는 소리가 고개를 넘어 가까워지면
이쁜이보다 삽살개가 먼저 마중을 나갔다

가을의 구도構圖

가을은 깨끗한 시악시처럼
맑은 표정을 하는가 하면 또
외로운 여인네같이 슬픈 몸짓을 지녔습니다
바람이 수수밭 사이로
우수수 소리를 치며 설레고 지나는 밤엔

들국화가 달 아래 유난히 희어 보이고
건넛마을 옷 다듬는 소리에
차가움을 머금었습니다
친구여! 잠깐 우리가 멀리합시다
호수 같은 생각에 혼자 가마안히
잠겨 보구 싶구려……

2

귀뚜라미

몸 둔 곳 알려주는 드을 좋아—
이런 모양 보여서도 안 되는 까닭에
숨어서 기나긴 밤 울어 새웁니다

밤이면 나와 함께 우는 이도 있어
달이 밝으면 더 깊이 숨겨둡니다
오늘도 저 섬돌 뒤
내 슬픈 밤을 지켜야 합니다

동경

내 마음은 늘 타고 있소
무엇을 향해선가—

아득한 곳에 손을 휘저어보오
발과 손이 매여 있음도 잊고
나는 숨 가삐 허덕여보오

일찍이 그는 피리를 불었소
피리 소리가 어디서 나는지 나는 몰라
예서 난다지…… 제서 난다지……

어디엔지 내가 갈 수 있는 곳인지도 몰라
허나 아득한 저곳에
무엇이 있는 것만 같애
내 마음은 그칠 줄 모르고 타고 또 타오

출범

기선이 떠나고 난 항구에는
끊어진 테잎들만 싱겁게 구을리고
아무렇지도 않았던 것처럼……
바다는 다시 침묵을 쓰고 누웠다

마녀의 불길한 예언도 없었건만
건너기 어려운 바다를 사이에 두기로 했다
마지막 말을 삼키고……
영영 떠나보내는 마음도 실은 강하지 못했다
선조 때 이 지역은 저주를 받은 일이 있어
비극이 머리 들기 쉬운 곳이란다

검푸른 칠월의 바닷가 모랫불—
늙은 소라껍데기 속엔 이야기 하나가 더 붙었다

물을 차는 제비처럼 가벼웠으면…… 하나
마음의 마음은 광주리 속을 자꾸 뒤적거려
배가 나간 뒤도 부두를 떠나지 못하는 부은 맘은
바다 저편에 한여름 흰 꿈을 새우다

교정

흰 양옥이 푸른 나무들 속에
진주처럼 빛나는 오후—
닥터 노엘의 조울리는 강의를 듣기보다 젊은 학생들은
 건너편 포플러나무 우로 드높이 날리는 깃발 보기를 더 좋아했다

향수가 물이랑처럼 꿈틀거린다
퍼덕이는 깃발에 이국 정경이 아롱진다
지향 없는 곳을 마음은 더듬었다

낯선 거리에서 금발의 처녀를 만났다
깊숙이 들어간 정열적인 그 눈이
이국 소녀를 응시하면
"형제여!"
은근히 뜨거운 손을 내밀리라

푸른 포플러나무!
흰 양옥!
붉은 깃발!
내 제복과 함께 잊혀지지 않는 정경이여……

소녀

"어디를 가십니까"
노타이 청년의 평범한 인사에도
포도주처럼 흥분함은
무슨 까닭입니까
머지않아 아가씨 가슴에도
누가 산도야지를 놓겠구료

캐피탈 웨이

샅샅이 드러내놓는
대낮은 고발자
눌러보고 싸주어 아름답게만 보아주는
밤은 여인

시속 15마일의 안전상태로
나 이 밤에 캐피탈 웨이를 달린다
낮에 낙엽을 줍던 이도 안 보이고
다람쥐처럼 옹송거리고 밤을 굽던 소년도 그 자리에 없다
하나 좋은 줄 모르고 날마다 오르나린 이 길이
오늘 밤 유난히 멋지고 곱구나
몇백 환 택시의 효과여

가로수를 양옆에 끼고
포도舖道를 미끄러지는 맛이 괜찮구나
보초 대신 칸칸이 늘어선
나의 수박등들의 아름다움이여
개 짖는 집 하나 없는 이 골목을
난 이제 조심조심 들어가야 한다
남의 집 급한 바느질을 하는 모퉁이집 할머니를 위해서

시린 손을 불며 과자봉지를 붙이는 반장 아저씨를 위해서
기침도 삼키고 나는 근신하며 들어서야 한다

아름다운 새벽을

내 가슴에선 사정없이 장미가 뜯겨지고
멀쩡하니 바보가 되어 서 있습니다.

흙바람이 모래를 끼얹고는
껄껄 웃으며 달아납니다
이 시각에 어디메서 누가 우나 봅니다

그 새벽들은 골짜구니 밑에 묻혀버렸으며
연인은 이미 배암의 춤을 추는 지 오래고
나는 혀끝으로 찌를 것을 단념했습니다

사람들 이젠 종소리에도 깨일 수 없는
악의 꽃 속에 묻힌 밤

여기 저도 모르게 저지른 악이 있고
남이 나로 인하여 지은 죄가 있을 겁니다

성모 마리아여
임종 모양 무거운 이 밤을 물리쳐주소서
그리고 아름다운 새벽을

저마다 내가 죄인이노라 무릎 꿇을—
저마다 참회의 눈물 뺨을 적실—
아름다운 새벽을 가져다주소서

자화상

 5척 1촌 5푼 키에 2촌이 부족한 불만이 있다. 부얼부얼한 맛은 전혀 잊어버린 얼굴이다. 몹시 차 보여서 좀처럼 가까이하기 어려워한다.
 그린 듯 숱한 눈썹도 큼직한 눈에는 어울리는 듯도 싶다마는……
 전 시대 같으면 환영을 받았을 삼단 같은 머리는 클럼지한 손에 예술품답지 않게 얹혀져 가냘픈 몸에 무게를 준다. 조고마한 거리낌에도 밤잠을 못 자고 괴로워하는 성격은 살이 머물지 못하게 학대를 했을 게다.
 꼭 다문 입은 괴로움을 내뿜기보다 흔히는 혼자 삼켜버리는 서글픈 버릇이 있다. 삼 온스의 살만 더 있어도 무척 생색나게 내 얼굴에 쓸 데가 있는 것을 잘 알건만 무디지 못한 성격과는 타협하기가 어렵다.
 처신을 하는 데는 산도야지처럼 대담하지 못하고 조고만 유언비어에도 비겁하게 삼간다 대竹처럼 꺾어는 질지언정
 구리銅처럼 휘어지며 꾸부러지기가 어려운 성격은 가끔 자신을 괴롭힌다.

이산離散

어쩔 수 없는 마지막 시간이 왔다
"그럼 난 떠나야지"

아버지는 식구들에게 일렀다
"다시 우리 오게 되는 땐
집이 없어졌더라도 이 터전에서들 만나기로 하자"

아이 어른은 대답 대신 와— 울음이 터져버렸다
태극기에서 떨어지는 날은
이렇듯 몸 둘 곳이 없어졌다—

대한민국이 죽은 사람모양 그리웠다

동기同氣

언니와
밤을 밝히던 새벽은
'성서聖赦'를 받는 것 같다
내 야윈 뺨엔 눈물이 비 오듯 했다

지금도 생각하면 눈이 뜨거워—
언니가 보고지워 떠나가는 날은
천릿길을 주름잡아 먼 줄을 몰라

감나무 집집이 빠알간 남쪽
말들이 거세어 이방異邦도 같건만
언니가 산대서
그곳은 늘상 마음이 그리운 곳—

오늘도 남쪽에서 온 기인 편지
읽고 읽으면 구슬픈 사연들
'불이나 뜨뜻이 때고 있는지
외따로 너를 혼자 두고
바람에 유리문들이 우는 밤엔 잠이 안 온다'
두루마리를 잡은 채
눈물이 피잉 돌았다

3

향수

오월의 낮차_車가
배추꽃이 노오란 마을을 지나면
문득
'싱아'를 캐던 고향이 그리워

타관의 산을 보며
마음은
서쪽 하늘의 구름을 따른다

망향

언제든 가리라
마지막엔 돌아가리라
목화꽃이 고운 내 고향으로—

아이들이 한울타리 따는 길머리론
학림사鶴林寺 가는 달구지가 조을며 지나가고
대낮에 여우가 우는 산골

등잔 밑에서
딸에게 편지 쓰는 어머니도 있었다

둥글레산에 올라 무릇을 캐고
접중화 싱아 뻑꾹채 장구채 범부채 마주재 기룩이
도라지 체니곰방대 곰취 참두릅 개두릅을 뜯던 소녀들은
말끝마다 '꽈' 소리를 찾고
개암쌀을 까며 소년들은
금방맹이 놓고 간 도깨비 얘길 즐겼다

목사가 없는 교회당
회당지기 전도사가 강도講道상을 치며 설교하던 촌村
그 마을이 문득 그리워
아프리카서 온 반마班馬처럼 향수에 잠기는 날이 있다

언제든 가리
나중엔 고향 가 살다 죽으리

모밀꽃이 하아얗게 피는 곳
조밥과 수수엿이 맛있는 마을
나뭇짐에 함박꽃을 꺾어오던 총각들
서울 구경이 소원이더니
차를 타보지 못한 채 마을을 지키겠네

꿈이면 보는 낯익은 동리
우거진 덤불[叢]에서
찔레순을 꺾다 나면 꿈이었다

연자간

삼밭 울바주엔 호박꽃이 화안한 마을
눈 가린 말은 들방아를 메고
한종일 연자간을 속아 돌고
치부책을 든 연자지기는 잎담배를 피웠다

머언 아랫말에 한나절 닭이 울고
돌배를 따는 아이들에게선 풋냄새가 났다
밀을 찧어가지고 오늘 친정엘 간다는 새댁
대추나무를 쳐다보고도 일없이 좋아했다

길

솔밭 사이로 솔밭 사이로 걸어 들어가자면
불빛이 흘러나오는 고가古家가 보였다

거기—
벌레 우는 가을이 있었다
벌판에 눈 덮인 달밤도 있었다

흰 나리꽃이 향을 토하는 저녁
손길이 흰 사람들은
꽃술을 따 문 병풍의
사슴을 이야기했다

솔밭 사이로 솔밭 사이로 걸어가자면
지금도
전설처럼
고가엔 불빛이 보이련만

숱한 이야기들이 생각날까 봐
몸을 소스라침은
비둘기같이 순한 마음에서……

여인부 女人賦

미용사에게
결발結髮을 읽히는 대신
무릇 여인이여
온달에게서 '바보'를 배우라
총명한 데에 여인은
가끔 불행을 지녔다

진실로 아리따운 여인아
네 생각이 높고 맑기
저 구월의 하늘 같고

가슴에 지닌 향랑보다
너는 언제고 마음이 더 향그러워라

여인 중에
학처럼 몸을 갖는 이가 있어 보라
물가 그림자를 보고
외로워도 좋다

해연海燕은 어디다
집을 짓는지 아느냐

희망

꽃술이 바람에 고갯짓하고
숲들 사뭇 우짖습니다

그대가 오신다는 기별만 같아
치맛자락 풀덤불에 걸키며
그대를 맞으러 나왔습니다

내 낭자에 산호잠 하나 못 꽂고
실안개 도는 갑사치마도 못 걸친 채
그대 황홀히 나를 맞아주겠거니—
오신다는 길가에 나왔습니다

저 산날망에 그대가 금시 나타날 것만 같습니다
녹음 사이 당신의 말굽 소리가 들리는 것 같습니다
내 가슴이 왜 갑자기 설렙니까

꽃다발을 샘물에 축이며 축이며
산마루를 쳐다보고 또 쳐다봅니다

님은 가시밭길 헤치고

님이 오신다는 꿈 같은 날
버선발로 뛰어나가
맞았으런만
웬일로 자꾸만 서러워
온종일 방안에서 울었다
하염없이 눈물만 더 자꾸 흘러
무지개 모양 사라진 꿈은 진정
아니고—
험한 길 가시덤불을 님은 밟고야
오신다니
꽃자리는 겁으리
어디선가
이브의 후예들이 옷을 다듬는 밤
님이 오실 날을 나는 조용히
은하銀河가에 그리나니—

돌아오는 길

차마 못 봐 돌아서오며 듣는 기차 소리는
한나절 산골의 당나귀 울음보다 더 처량했다

포도 위에 소리 없이 밤안개가 어린다
마음속엔 고삐 놓은 슬픔이 딩군다

먼— 한길에 걸음이 안 걸려
몸은 땅속에 잦아들 것만 같구나

거리의 플라타너스도 눈물겨운 밤
일부러 육조六曹 앞 먼 길로 돌았다

길바닥에 장미꽃이 피었다— 사라졌다— 다시 핀다
해저海底의 소리를 누가 들은 적이 있다더냐

곡哭 촉석루

논개 치마에 불이 붙어
논개 치맛자락에 불이 붙어

논개는 남강 비탈 위에 서서
화신火神처럼 무서웠더란다

"우짝고 오매야! 촉석루가 탄다, 촉석루가"
마지막 지붕이 무너질 제는
기왓장 내려앉는 소리
온 진주가 진동을 했더란다

기왓장만 내려앉은 게 아니요
고을 사람들의 넋이 내려앉았기에
'비봉산飛鳳山 서장대西將台'가 몸부림을 치더란다

조용히 살아가던 조그마한 마을에
이 어쩐 참혹한 재앙이었나뇨

밀어붙인 훤한 벌판은
일찍이 우리의 낯익은 상점들이 있던 곳

할매 때부터 정이 든 우리들의 집이 서 있던 자리
문둥이가 우는 밤
진주사 더 섧게 통곡하는 것을
진주사 더 섧게 두견 모양 목메이는 것을

하일산중 夏日山中

보리 이삭들이 바람에 물결칠 때마다
어느 밭고랑에서 종다리가 포루룽 하늘로 오를 것 같다

논도랑을 건너고 밭머리를 휘돌아
동구릉東九陵 가는 길을 물으며 물으며 차츰
산속으로 드는 낮은 그림 속의 선인仙人처럼
내가 맑고 한가하다
낮이 기운 산중에서 꿩 소리를 듣는다
당홍댕기를 칠칠 끄는 처녀 같은 맵시의 꿩을 찾다 보면 철쭉꽃이
  불그레하게 펴 있다

초록물이 뚝뚝 듣는 나무들이 그늘진 곳에 활나물 대나물
미일 때를 보며
―나는 배암이 무서워 칡순을 따 머리에 꽂던 일이며
파아란 가랑잎에 무릇을 받아먹던 일이며
도토리에 콩가루를
발라먹던 산골애기를 생각해낸다
어디서 꿩알을 얻을 것 같은 산속
'숙淑'은 산나물 꺾는 게 좋고 난 '송충이'가 무섭고―

한 치도 못 되는 벌레에게 다닥드릴 때마다
이처럼 질겁을 해 번번이 못난이 짓을 함은

진정 병신성스러우렷다
솔밭을 헤어나 첫째 능에 절하고 들어 잔디 우에 다리를 쉰다
천년 묵은 여우라도 나올 성부른 태고 적 조용한 낮
내가 잠깐 현기를 느낀다

4

봄의 서곡

누가 오는데 이처럼들 부산스러운가요
목수는 널빤지를 재며 콧노래를 부르고
하나같이 가로수들은 초록빛
새 옷들을 받아들었습니다
선량한 친구들이 거리로 거리로 쏟아집니다
여자들은 왜 이렇게 더 야단입니까
나는 포도鋪道에서 현기증이 납니다
삼월의 햇볕 아래 모든 이지러졌던 것들이 솟아오릅니다
보리는 그 윤나는 머리를 풀어헤쳤습니다
바람이 마음대로 붙잡고 속삭입니다
어디서 종다리 한 놈 포루루 떠오르지 않나요
꺼어먼 살구남기에 곧
올연한 분홍 '베일'이 씌워질까 봅니다

오월의 노래

보리는 그 윤기나는 머리를 풀어헤치고
숲 사이 철쭉이 이제 가슴을 열었다

아름다운 전설을 찾아
사슴은 화려한 고독을 씹으며
불로초 같은 오후의 생각을 오늘도 달린다

부르다 목은 쉬어
산에 메아리만 하는 이름—

더불어 꽃길을 걸을 날은 언제뇨
하늘은 푸르러서 더 넓고
마지막 장미는 누구를 위한 것이냐

하늘에서 비가 쏟아져라
그리고 폭풍이 불어다오
이 오월의 한낮을 나 그냥 갈 수는 없어라

장미

맘 속 붉은 장미를 우지직끈 꺾어 보내 놓고
그날부터 내 안에선 번뇌가 자라다

늬 수정 같은 맘에
나
한 점 티 되어 무겁게 자리하면 어찌하랴

차라리 얼음같이 얼어버리련다
하늘 보며 나무 모양 우뚝 서버리련다
아니
낙엽처럼 섧게 날아가버리련다

유월의 언덕

아카시아꽃 핀 유월의 하늘은
사뭇 곱기만 한데
파라솔을 접듯이
마음을 접고 안으로 안으로만 들다

이 인파 속에서 고독이
곧 얼음 모양 꼿꼿이 얼어들어옴은
어쩐 까닭이뇨

보리밭엔 양귀비꽃이 으스러지게 고운데
이른 아침부터 밤이 이슥토록
이야기해볼 사람은 없어
파라솔을 접듯이
마음을 접어가지고 안으로만 들다

장미가 말을 배우지 않은 이유를
알겠다
사슴이 말을 하지 않는 연유도
알아듣겠다

아카시아꽃 핀 유월의 언덕은
곱기만 한데—

작약

그 굳은 흙을 떠받으며
뜰 한구석에서
작약이 붉은 순을 뽑는다

늬도 좀 저 모양 늬를 뽑어보렴
그야말로 즐거운 삶이 아니겠느냐

육십을 살아도 헛사는 친구들
세상 눈치 안 보며
맘대로 산 날 좀 장기帳記에서 뽑아보라

젊은 나이에 치미는 힘들이 없느냐
어찌할 수 없이 터지는 정열이 없느냐
남이 뭐란다는 것은
오로지 못생긴 친구만이 문제 삼는 것

남의 자尺로는 남들 재라 하고
너는 늬 자로 너를 재일 일이다

작약이 제 순을 뽑는다
무서운 힘으로 제 순을 뽑는다

호외

큰불이라도 나라 폭탄사건이라도 생겨라
외근에서 들어오는 전화가
비상非常 하기를 바라는 젊은 편집자
그는 잔인한 인간이 아니다
저도 모르게 되어진 슬픈 기계다

그 불이 방화가 아니라 보고될 때
젊은이의 마음은 서운했다
화필이 재빠르게 미끄러진다
잠바―노타이―루바시카의 청년―청년―
싱싱하고 미끈한 樣양들이
해군복이라도 입히고 싶은 맵시다

오늘은 또 저 붓끝이 몇 사람을 찔렀느냐
젊은이 수기手記에 참회가 있는 날
그날은 그날은 무서운 날일지도 모른다

오늘

무엇에 쫓기는 것일까
막다른 골목으로 막다른 골목으로
내가 쫓기는 것만 같다

나를 따르는 것은 빚쟁이도 아니요
미친개도 아니요
더더군다나 원수는 아니다

밤의 안식은 천년의 세월이 덮은 듯 아득한 전설
네거리 횡단길에 선 마음

소음에 신경은 사정없이 진동되고
내 눈은 고달파 핏줄이 섰다

밤 천정天井의 한 마리의 거미가
보기 좋게 사람을 위협할 수도 있거니

무엇에 쫓기는 것일까
막다른 골목으로 내가 쫓긴다

불안한 날들이 낯선 정거장 모양 다닥치고
털어버릴 수 없는 초조와 우수가
사월의 신록처럼
무성하다

꽃길을 걸어서
― 사월의 기도

그 겨울이 다 가고
산에 갔던 아이들 손엔 할미꽃이 들려졌다
사립문에 기대어 서서
진달래 자욱한 앞산을 바라보면
큰애기의 가슴은 파도모양 부풀어 올랐다
사월 큰애기의 꿈은 무지개같이 찬란했다

웬일인지 이 봄엔 삼팔선이 터지고
나갔던 그이가 돌아올 것만 같다
"갔다 오리다"
생생하게 지금도 귀에 들린다
군복을 입은 모습
어찌 그리 늠름하고 더 잘나 보였을꼬

그이가 일선으로 나간 뒤부터
뉴―스 영화의 군인들이 모두 다
그이 같아 반가워졌다

주여
이 봄엔 통일을 꼭 가져다주소서

그리하여
진달래 곱게 핀 꽃길을 걸어서
승전한 그이가 돌아오게 해주소서

박쥐

기인 담 밑에 옹송그리고 누워 있는 집 없는 아이들
바람이 소스라치게 기어들 때마다
강아지처럼 응응대며 서로의 체온을 의지한다

박쥐의 날개를 얼리는 밤—
청동화롯가엔 두 모녀의 이야기가
찬 재를 모으고 흩으며 잠들 줄 모른다
아들의 굳게 다문 입술을 떨리며
눈물을 삼키고 떠나던 밤— 그 밤의 광경이
어머니의 가슴엔 아프게 새겨졌다

해가 바뀌는 밤 늙은 어머니는
아들의 이름을 중얼거리며 눈물짓다
젊은이가 떠난 뒤 이런 밤이 세 번째

같은 하늘 낯선 땅 한구석에선
조국을 원망하나 미워하지 못하는
정情의 칼에 어여지는 아픈 가슴이 있으리……

포구의 밤

마술사 같은 어둠이 꿈틀거리며
무거운 걸음새로 기어드니
찌푸린 하늘엔 별조차 안 보이고
바닷가 헤매는 물새의 울음소리
엄마 찾는 듯…… 내 애를 끊네

한가람 청풍淸風 물 위를 스치고 가니
기슭에 나룻배엔 등불만 조을고
사공의 노랫가락 마디마디 구슬퍼
호수같이 고요하던 마음바다에 잔물살 이니
한 때의 옛 곡조 다시 떠도네

이 바다 물결에 내 노래 띄워—
그 물결 닿는 곳마다 펼쳐나보리
바위에 부딪치는 구원의 물소리

내 그윽한 느낌이 눈감고 듣노니
마산포馬山浦의 밤은 말없이 깊어만 가는데……

5

바다에의 향수

기억에 잠긴 남빛 바다는 아드윽하고
이를 그리는 정열은 걷잡지 못한 채
낯선 하늘 머언 뭍 우에서
오늘도 떠가는 구름으로 마음을 달래보다

지금쯤 바다 저편엔 칠월의 태양이 물 우에 빛나고
기인 항해에 지친 배의 육중스런 몸뚱이는
집시―의 퇴색한 꿈을 안고 푸른 요 우에 뒹굴며
낯익은 섬들의 기억을 뒤적거리며……

푸른 밭을 갈아 흰 이랑을 뒤에 남기며
장엄한 출범은 이 아침에도 있었으리……
늠실거리는 파도― 바다의 호흡― 흰물새―
오늘도 내 마음을 차지하다―

추풍에 부치는 노래

가을바람이 우수수 불어옵니다
신이 몰아오는 비인 마차 소리가 들립니다
웬일입니까
내 가슴이 써—늘하게 샅샅이 얼어듭니다

'인생은 짧다'고 실없이 옮겨 본 노릇이
오늘 아침 이 말은 내 가슴에다
화살처럼 와서 박혔습니다
나는 아파서 몸을 추설 수가 없습니다

황혼이 시시각각으로 다가섭니다
하루하루가 금싸라기 같은 날들입니다
어쩌면 청춘은 그렇게 아름다운 것이었습니까
연인들이여 인색할 필요가 없습니다

적은 듯이 지나 버리는 생의 언덕에서
아름다운 꽃밭을 그대 만나거든
마음대로 앉아 노니다 가시오
남이야 뭐라든 상관할 것이 아닙니다

하고 싶은 일이 있거든 밤을 도와 하게 하시오
총기聰氣는 늘 지니어지는 것이 아닙니다
나의 금싸라기 같은 날들이 하루하루 없어집니다
이것을 잠가둘 상아 궤짝도 아무것도
내가 알지 못합니다

낙엽이 내 창을 두드립니다
차 시간을 놓친 손님모양 당황합니다
어쩌자고 신은 오늘이사 내게
청춘을 이렇듯 찬란하게 펴 보이십니까

추성秋聲

푸라타나쓰의 표정이 어느 틈에 이렇게 달라졌나

하늘을 쳐다본다
청징한 바닷가에 다시 은하가 맑다
눈을 땅으로 떨어뜨리며
내가 당황하다

만추

가을은 마차를 타고 달아나는 신부
그는 온갖 화려한 것을 다 거두어가지고 갑니다

그래서 하늘은 더 아름다워 보이고
대기는 한층 밝아 보입니다

한금 한금 넘어가는 황혼의 햇살은
어쩌면 저렇게 진줏빛을 했습니까
가을 하늘은 밝은 호수
여기다 낯을 씻고 이제사 정신이 났습니다
은하와 북두칠성이 맑게 보입니다

비인 들을 달리는 바람 소리가
왜 저처럼 요란합니까
우리에게서 무엇을 앗아가지고
가는 것이 아닐까요

작별

어머니가 떠나시던 날 눈보라가 날렸다

언니는 흰 족도리를 쓰고
오라버니는 굴관을 차고
나는 흰 댕기 늘인 삼또아리를 쓰구

상여가 동리를 보구 하직하는
마지막 절하는 걸 봐도
나는 도무지 어머니가
아주 가시는 것 같지 않았다

그 자그마한 키를 하고—
산엘 갔다 해가 지기 전
돌아오실 것만 같았다

다음날도 다음날도 나는
어머니가 들어오실 것만 같았다

검정나비

너를 피해 달음질치기 열 몇 해
입 축일 샘가 하나 없는 길
자갈돌 발부리 차 피내며
죽기로 달리다

문득 고개 돌리니
너는 내 그림자— 나를 따랐구나
내려앉은 꽃잎모양
상장喪章과도 같이

나 이제
네 앞에 곱게 드리워지나니
오— 나의 마지막 날은 언제냐

말 않고 그저 가려오

말보다 아름다운 것으로 내 창을 두드려놓고
무거운 침묵 속에 괴로워 허덕이는
인습의 약한 아들을 내 보건만
생명이 다하는 저 언덕까지 깨지 못할 꿈이라기
나는 못 본 체 그저 가려오

호젓한 산길 외롭게 떨며 온 나그네
아늑한 동산에 들어 쉬라 하니
이 몸이 찢겨 피 흐르기로
그 길이 험하다 사양했으리—

'생'의 고적한 거리서 그대 날 불렀건만
내 다리 떨렸음은—
땅 우의 가시밭도 연옥의 불길도 다 아니었소
말없이 희생될 순한 양 한 마리
……다만 그것뿐이었소……

위대한 아픔과 참음이 그늘지는 곳
영원한 생명이 깃들일 수 있나니
그대가 낳아준 푸른 가락 고운 실로

내 꿈길에 수놓아가며 나는 말 않고 그저 가오
못 본 체 그냥 가려오······

사슴의 노래

하늘에 불이 났다
하늘에 불이 났다

도무지 나는 울 수 없고
사자같이 사나울 수도 없고
고운 생각으로 진여 씹을 것은 더 못 되고

희랍적인 내 별을 거느리고
오직 죽음처럼 처참하다
가슴에 꽂았던 장미를 뜯어버리는
슬픔이 커 상장喪章같이 처량한 나를
차라리 아는 이들을 떠나
사슴처럼 뛰어다녀보다

고독이 성城처럼 나를 두르고
캄캄한 어둠이 어서 밀려오고
달도 없어주

눈이 나려라 비도 퍼부어라
가슴의 장미를 뜯어버리는 날은

슬퍼 좋다
하늘에 불이 났다
하늘에 불이 났다

설중매

송이 송이 흰빛 눈과 새워
소복한 여인모양 고귀하여
어둠 속에도 향기로 드러나
아름다움 열꽃을 제치는구나

그윽한 향 품고
제철 꽃밭 마다하며
눈 속에 만발함은
어느 아낙네의 매운 넋이냐

생가

뒤울안 보루쇠 열매가 붉어오면
앞산에서 뻐꾸기 울었다
해마다 다른 까치가 와 집을 짓는다던
앞마당 아라사버들은 키가 커 늘 쳐다봤다

아랫말과 웃동리가 넓어 뵈던 촌에선
단오의 명절이 한껏 즐겁고……
모닥불에 강냉이를 구워먹던 아이들
곧잘 하늘의 별 세기를 내기했다

강가에서 갯[江]비린내가 유난히
풍겨오는 저녁엔 비가 온다던
늙은이의 천기예보는 틀린 적이 없었다

도적이 들고 난 새벽녘처럼 호젓한 밤
개 짖는 소리가 덜 좋아
이불 속으로 들어가 묻히는 밤이 있었다

■ 애도시

애도哀悼 노천명盧天命

목 길어 사슴인가
다리 길어 학이런가

상념은 가멸건만
몸은 항상 여위어서

해라도 다 보려는지
목 느리고 섰더니

별 하나 땅에 있어
창변에 기대서서

산호림珊瑚林 가둬 놓고
수정궁水晶宮 마련ᄒ더니

이제사 쳐다만 보면
별 안고 끼고 있는지

기구한 천명天命으로
애련한 천명으로

오기도 천명이요
가기도 천명인가

천명을 다하였다고는
믿어지지 않노라

— 일석一石 이 희 승 李熙昇

〈노천명 시인 서거 1주기에 부치는 애도시〉

『사슴의 노래』 서문

사슴의 노래를 모으며

  천명 간지 일 년에 숨었던 사슴의 노래를 듣는다. 머리올 속에, 치마그늘 밑에 간직했든 그의 애절한 느낌들이 세상을 향하여 그가 누구였음을 또다시 말해주고 있다. 그는 날 때부터 외로운 여자! 살면서 인생을 자기 언덕에서 바라보았을 때도 어느 하나 생활의 환경은 그를 위로해 주고 기쁘게 해주는 것은 없었다. 돌아서 눈물에 혼을 적시면서 그는 또 혼자서 적막하게 인생을 걸어갔다. 걸어가다가 지쳐서 그만 넘어져 버렸다. 벅찬 희망과 경이로운 앞날들은 그를 끄을고 좀 더 강한 생명의 궤도에 연결시키려다 그만 그를 놓쳐 버렸다. 그의 몸을 잃은 우리는 그이 혼에서 또는 그의 고적했던 어여쁜 일생에서 풍겨오는 모습과 말들, 아로새긴 마음의 언어들을 이제 여기 모아 다시 우리 문단에 영원한 향을 더하게 한다.

1958년 6월 7일
모 윤 숙 毛允淑

<노천명 시인 서거 1주기 기념시집 『사슴의 노래』 서문>

노천명 연보

1912(1세) 9월 2일, 황해도 장연군에서 노계일盧啓一과 어머니 김홍기 사이의 차녀로 출생.

1919(8세) 서울 체부동 이모집에 머물며 진명여자보통학교에 입학.

1927(16세) 진명여자고등보통학교 2년생 신분으로 ≪동광≫지 입선.

1930(19세) 이화여자전문학교 영문과에 입학하며 변영로, 김상용, 정지용으로부터 가르침을 받음.

1931(20세) 수필「3·5의 달 아래서」, 시「고성허古城墟에서」, 단편소설「일편단심」을 이화여자전문학교 교지 ≪이화≫(1928년 창간) 3호에 발표.

1932(21세) 「밤의 찬미」≪신동아≫(1932.6)「단상」≪신동아≫(1932.7)「포구의 밤」≪신동아≫(1932.10) 등을 발표. 이화여전 시절의 대표작「옥수수」가 있음.

1934(23세) 이화여자전문학교 영문학과 8회 졸업. <조선중앙일보> 기자로 입사 4년간 근무.

1935(24세) 시원詩苑동인으로 ≪시원詩苑≫ 창간호에「내 청춘의 배는」을 발표, 기성문단에 진출.

1937(26세) <조선중앙일보>를 사직하고 북간도의 용정, 이두구, 연길 등지를 주유함. <중외일보> 여성지 기자.

1938(27세) <조선일보> 출판부 ≪여성≫지 편집위원.

1939(28세) 1월 1일, 49편을 수록한 첫 시집『산호림珊瑚林』을 자비로 출판. 극예술연구회의 신극운동에 참여.

1941(30세) <조선일보> 출판부 ≪여성≫지 편집위원직을 사직함.

1942(31세) 조선문인협회에 모윤숙, 최정희 등과 함께 간사로 참여. 조선문인협회를 조선문인보국회로 강화하는데 적극 나섬으로써 친일행위를 하게 되는 오점을 남기게 됨.

1943(32세) <매일신보> 문화부에 입사 조경희와 더불어 '가정란' 담당기자로 2년간 근무. <서울신문> 편집국 문화부 기자.

1945(34세) 2월 25일, 29편을 수록한 두 번째 시집『창변窓邊』을 <매일신보> 출판부에서 간행. 초판본인 이 시집에는 친일적인 시「승전의 날」「출정하는 동생에게」「진혼가」「흰 비둘기를 날리며」등이 실려 있음. 해방 후 <서울신문> 편집국 문화부 기자로 근무.

1946(35세) <부녀신문> 편집국 차장. <부녀신문> 편집국 차장 근무를 마지막으로 기자생활에 종지부를 찍음.

1947(36세) 일본으로 유학을 목적으로 밀항했으나 가족들의 반대로 1년 후 귀국.

1949(38세) 3월 10일, <동지사>에서 『현대시인전집』을 발행한 가운데 제2권이 『노천명집』으로 간행됨.

1950(39세) 6·25 전쟁 중 피난을 못한 채 문학가동맹에 가담케 되어 9·28 수복 후 부역죄로 20년 실형 언도를 받고, 6개월간의 옥중 생활을 함. 노천명은 1·4후퇴 후 대통령 비서실의 김광섭金珖燮에게 삼일절에 출소토록 하여 달라는 편지를 냄.

1951(40세) 4월 24일, 부산형무소에서 출감.

1953(42세) 세 번째 시집 『별을 쳐다보며』가 희망출판사에서 간행됨.

1954(43세) 두 번째 수필집 『나의 생활 백서』가 대조사에서 간행됨.

1955(44세) 서라벌대학 등에 강사로 나가는 한편 이화여대 출판부 일도 함.

1956(45세) 『이화70년사』를 집필 출간.

1957(46세) 3월 7일, 길거리에 쓰러져 청량리 위생병원 입원. 6월 16일 새벽 1시 30분, 46세의 일기로 누하동 자택에서 별세.
6월 18일, 문인장으로 서울 중곡동 가톨릭 묘지에 안장.

〖한국대표명시선100〗을 펴내며

　한국 현대시 100년의 금자탑은 장엄하다. 오랜 역사와 더불어 꽃피워온 얼·말·글의 새벽을 열었고 외세의 침략으로 역경과 수난 속에서도 모국어의 활화산은 더욱 불길을 뿜어 세계문학 속에 한국시의 참모습을 드러내게 되었다.
　이 나라는 글의 나라였고 이 겨레는 시의 겨레였다. 글로 사직을 지키고 시로 살림하며 노래로 산과 물을 감싸왔다. 오늘 높아져 가는 겨레의 위상과 자존의 바탕에도 모국어의 위대한 용암이 들끓고 있음이다.
　이제 우리는 이 땅의 시인들이 척박한 시대를 피땀으로 경작해온 풍성한 시의 수확을 먼 미래의 자손들에게까지 누리고 살 양식으로 공급하는 곳간을 여는 일에 나서야 할 때임을 깨닫고 서두르는 것이다.
　일찍이 만해는 「님의 침묵」으로 빼앗긴 나라를 되찾고 잃어가는 민족정신을 일으켜 세우는 밑거름으로 삼았으며 그 기룸의 뜻은 높은 뫼로 솟아오르고 너른 바다로 뻗어 나가고 있다.
　만해가 시를 최초로 활자화한 것은 옥중시 「무궁화를 심고자」(≪개벽≫ 27호 1922.9)였다. 만해사상실천선양회는 그 아흔 돌을 맞아 만해의 시정신을 기리는 일의 하나로 '한국대표명시선100'을 펴내게 된 것이다.
　이로써 시인들은 더욱 붓을 가다듬어 후세에 길이 남을 명편들을 낳는 일에 나서게 될 것이고, 이 겨레는 이 크나큰 모국어의 축복을 길이 가슴에 새겨나갈 것이다.

만해사상실천선양회

한국대표명시선100 | 노 천 명

이름 없는 여인 되어

1판1쇄 발행 2013년 2월 15일
1판2쇄 발행 2016년 5월 20일

지 은 이 노 천 명
뽑 은 이 만해사상실천선양회
펴 낸 이 이 창 섭
펴 낸 곳 시인생각
등 록 번 호 제2012-000007호(2012.7.6)
주   소 고양시 일산동구 호수로 688. A-419호
          ㉾10364
전   화 050-5552-2222
팩   스 (031)812-5121
이 메 일 lkb4000@hanmail.net

값 6,000원

ISBN 978-89-98047-17-7 03810

* 잘못된 책은 구입하신 서점에서 교환하여 드립니다.

※ 이 책은 만해사상실천선양회의 지원으로 간행되었습니다.